AF247875

DE

L'ORGANISATION

DE LA

DÉMOCRATIE

Par F. SAILLARD

« Démocratie, c'est Démopédie,
éducation du peuple. »

PROUDHON.

Prix : 1 fr.

PARIS

E. DENTU, ÉDITEUR

LIBRAIRE DE LA SOCIÉTÉ DES GENS DE LETTRES

3, place de Valois (Palais-Royal).

1889

DE

L'ORGANISATION

DE LA

DÉMOCRATIE

Par F. SAILLARD

« Démocratie, c'est Démopédie,
éducation du peuple. »

PROUDHON.

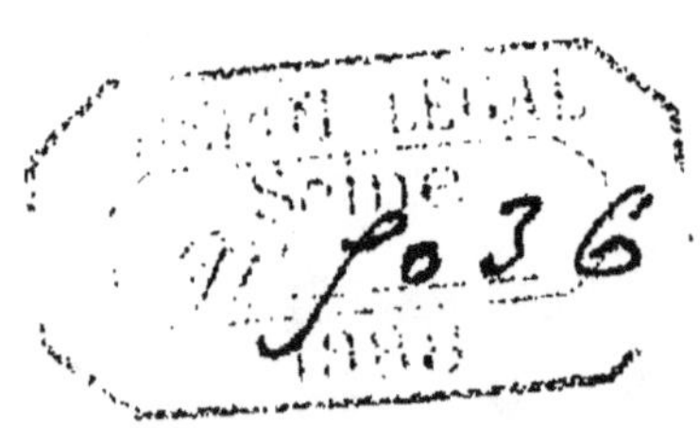

PARIS

E. DENTU, ÉDITEUR

LIBRAIRE DE LA SOCIÉTÉ DES GENS DE LETTRES

3, place de Valois. — Palais-Royal.

1889

PRÉFACE

A Monsieur X***

Monsieur,

Il faut, pour mériter véritablement le titre d'homme d'État et pour être digne de l'admiration de l'histoire et de la reconnaissance de la postérité, avoir accompli une œuvre qui soit comme l'expression de la volonté de la nation et comme la satisfaction donnée à ses besoins.

Or, nous le demandons, y a-t-il eu dans ces derniers temps un seul homme qui ait accompli une telle œuvre et n'est-il point vrai au contraire, que le peuple n'est point satisfait et qu'il cherche toujours à renverser le gouvernement ? En vain, on dira que ceux qui attaquent aujourd'hui le gouvernement et qui cherchent à le renverser sont des socialistes ou des révolutionnaires. Il est certain que c'est au gouvernement à trouver la formule ou la solution des questions pendantes, et qu'il doit faire en sorte que les partis dont nous parlons soient réduits à l'impuissance et qu'ils ne forment dans le pays qu'une minorité.

Maintenant, est-ce là ce qui a eu lieu et n'est-il point vrai au contraire que, le gouvernement ne faisant rien et ne remplissant pas sa mission, il en est résulté que ces partis ont paru à certains moments représenter la nation et qu'ils ont fait des insurrections ou des émeutes. Le danger de ces insurrections ou de ces émeutes est que, le lendemain, on n'est pas plus avancé et que l'on est plus divisé qu'auparavant. N'est-il point vrai que, après chacune de nos révolutions, on s'est trouvé en présence d'un nouveau parti et que ce nouveau parti a prétendu au gouvernement de la France ?

D'un autre côté, les réformes ne se sont pas faites plus et la preuve c'est que la question de la séparation de l'Église et de l'État et celle de *l'impôt, pour ne parler que de ces deux questions, sont au même point et qu'elles ne sont pas plus près d'aboutir aujourd'hui qu'en 1789.*

Dernièrement, nous disions à un de nos amis, grand partisan de la suppression des droits d'octroi, que, pour arriver à réduire seulement de cinquante centimes pour cent ces droits, il faudra que le sang coule dans Paris et qu'on y fasse une révolution. Pourquoi? Parce qu'il s'agit là d'une question d'argent, et que ceux qui le détiennent préfèrent le garder et faire payer par ceux qui ne possèdent rien l'impôt. Le gouvernement est avec ceux qui possèdent, ou plutôt ce sont eux-mêmes qui détiennent le gouvernement et qui le font s'exercer à leur profit ; voilà pourquoi on ne fera rien, et pourquoi on ne réformera point l'impôt.

Il en est de même des autres questions et des autres réformes, car toutes conduisent à cette réforme de l'impôt dont ne veulent point ceux qui possèdent et ceux qui détiennent le gouvernement. Il n'y a qu'une question qui peut être résolue et qu'il convient d'aborder sans retard, c'est la question de l'éducation du peuple et du gouvernement lui-même. Démocratie, a dit Proudhon, c'est Démopédie, éducation du peuple. Il s'agit sous forme de l'éducation, de remettre le gouvernement au peuple lui-même et de faire de lui le véritable souverain.

Jusqu'ici en effet, la souveraineté du peuple n'a été qu'un vain mot et on s'en est servi pour rendre le peuple esclave. On va dans peu célébrer le centenaire de la révolution de 1789 et glorifier la mémoire des hommes qui ont fait cette révolution ; mais de quel front, osera-t-on parler de ces hommes et rappellera-t-on sans rougir leurs grandes actions ?

On n'a, en effet, rien fait pour continuer l'œuvre des hommes dont nous parlons et on est resté à l'état d'anarchie ; car est-ce une véritable société que celle où nous vivons, perpétuellement tiraillée entre la révolution et la contre-révolution et qui ne peut s'asseoir ?

Il faut changer cet état et voilà pourquoi, Monsieur, je m'adresse à vous et vous dédie ce livre ; à vous qui avez déjà rendu tant de services à l'idée de la République et qui êtes dévoué à la Démocratie : à vous qui avez l'esprit libre

et dégagé de tous les préjugés de la caste bourgeoise, et qui comprenez les besoins et les aspi-
rations de la société moderne.

Vous vous attacherez à cette œuvre de l'organisation de la Démocratie, et vous fonderez en
France l'unité; vous établirez un système d'éducation et de gouvernement basé sur la liberté et
vous mériterez ce titre d'homme d'État dont vous
êtes déjà digne à tant d'égards et qui vous vaudra
l'admiration de l'histoire et la reconnaissance
de la postérité.

Dans cet espoir, j'ai l'honneur d'être,
Monsieur,

Votre respectueux serviteur,

SAILLARD.

DE L'ORGANISATION
DE LA DÉMOCRATIE

I.

De la nécessité de pratiquer les principes de la Révolution française et de faire de ces principes une réalité.

Il serait temps enfin de dire la vérité au pays, et de lui faire connaître la situation dans laquelle nous nous trouvons. La République court à sa perte, et il ne s'agit plus déjà que de savoir comment elle sera renversée. Tombera-t-elle sous les coups d'un soldat qui, flattant les masses populaires et se donnant comme l'écho de leurs plaintes et de leurs ressentiments, arrivera à établir la dictature ou sera-t-elle renversée par une oligarchie qui, ayant pu sous la République s'emparer des places et des fonctions, finirait par rétablir la monarchie ?

Telle est la double question qui se pose ; car en ce qui concerne la dernière alternative, on ne peut nier que le pouvoir soit aujourd'hui occupé par une oligarchie et que les quelques républicains qui y sont comme fourvoyés ne peuvent rien sinon défendre les intérêts de cette oligarchie et tromper les espérances qu'ils avaient fait concevoir dans le parti républicain. Que si les républicains dont nous parlons s'avisaient pourtant de réaliser leur programme et de vouloir faire des réformes, ils seraient immédiatement renversés et la réaction reprendrait leur place. Nous avons donc raison de le dire, c'est une oligarchie qui gouverne la France et qui a réussi à s'imposer au pays sous le nom de la République. Cette oligarchie sera-t-elle assez forte pour renverser la République et pour rétablir la monarchie ou, au contraire, est-ce la dictature qui finira par s'établir ? Telle est, nous le répétons, la double question qui se pose et que le pays est appelé à résoudre. Mais qu'est-ce qui a amené les choses à ce point où il n'y ait plus d'autre alternative que la dictature ou la monarchie, et où l'on doive assister au renversement de la République ?

Certes, la réponse est complexe; mais au premier rang des raisons qui ont compromis l'existence de la République, il faut mettre le découragement qui s'est emparé de l'esprit du peuple quand il a compris que les républicains ne feraient rien et qu'ils ne rempliraient aucune des promesses qu'ils avaient faites à la démocratie.

En effet, voilà des hommes qui, il y a bientôt un siècle, s'emparent du pouvoir et renversent la monarchie. Sans doute, ces hommes ont un principe qu'ils vont appliquer et qui va faire le bien du peuple? Eh bien, non, ces hommes n'ont point de principe ou, s'ils ont un principe, ils ne vont point l'appliquer et le laisseront à l'état de lettre morte !

Mais pourquoi les hommes de 1789 et, après eux, ceux de 1792, n'ont-ils point appliqué les principes de la Révolution française et pourquoi les ont-ils laissé à l'état de lettre morte? Parce qu'ils n'ont vu dans les principes de la Révolution française qu'une négation, et qu'ils auraient dû en faire une affirmation. Contre le roi, la noblesse et le clergé, ils devaient invoquer ces principes et s'en servir pour nier ceux qui leur étaient opposés; mais, pour le peuple, ils devaient affirmer ces mêmes principes et en faire une réalité.

Au lieu de cela, les hommes de la Révolution n'ont accompli que la moitié de leur tâche et ils ne se sont servis des principes qu'ils venaient de proclamer que pour nier le pouvoir du roi, de la noblesse et du clergé. Il en est résulté que le peuple, qui ne comprenait rien à ces principes et qui était resté livré à la superstition et aux préjugés, a abandonné les hommes de la Révolution et qu'il les a laissé livrés à toutes les entreprises de la réaction.

D'un autre côté, les hommes de la Révolution, obligés de compter avec la réaction et dont le pouvoir était continuellement discuté, contesté, n'ont pu rien faire et ils ont amené l'anarchie; car, encore une fois, est-ce une véritable société que celle où nous vivons perpétuellement tiraillée entre la Révolution et la contre-Révolution et qui ne peut s'asseoir ?

Comptons les gouvernements qui se sont établis depuis 1789 et ceux qui ont été renversés, les insurrections ou les émeutes, et l'on reconnaîtra que les hommes de la Révolution n'ont en effet amené que l'anarchie et qu'ils n'ont pu fonder véritablement le gouvernement et la société. Il y a eu d'abord la monarchie constitutionnelle de Louis XVI, qui a régné depuis les premiers jours de 1789 jusqu'à la Révolution du 10 Août. Ensuite, il y a eu la première République qui a duré depuis le 21 Septembre 1792 jusqu'au coup d'État du 18 Brumaire ; le premier Empire, qui a duré depuis cette dernière date jusqu'en 1815 ; la Restauration, qui a duré depuis 1815 jusqu'à la Révolution de Juillet ; le gouvernement de Louis-Philippe, qui a duré depuis cette dernière époque jusqu'à la Révolution du 24 Février ; la seconde République, qui a duré depuis le 24 Février 1848 jusqu'au coup d'État du 2 Décembre ; enfin, le second Empire qui a duré depuis cette dernière date jusqu'à la

Révolution du 4 Septembre et la troisième République, qui dure depuis le 4 Septembre 1870 jusqu'aujourd'hui.

Entre temps ces gouvernements, qui sont presque tous tombés comme on sait sous le coup des Révolutions ou des coups d'État, lesquels ne sont en définitive que des Révolutions par en haut et ont tous été du reste ratifiés par le suffrage populaire; ces gouvernements, disons-nous, ont eu à supporter le choc des insurrections ou des émeutes notamment le gouvernement de Louis-Philippe, sous lequel l'émeute fut à l'état permanent; la République de 1848, qui eut à supporter la terrible insurrection de Juin et la journée du 15 Mai, et enfin la République actuelle, qui a eu à supporter la Commune.

Ces insurrections ou ces émeutes sont-elles finies et la troisième République, au moins sous sa forme actuelle, vivra-t-elle ? Il suffit, pour répondre à cette question, d'écouter les bruits de dissolution ou de revision qui sortent en ce moment comme du sol; car ce que le peuple poursuit ce n'est pas la revision ni la dissolution en elles-mêmes, c'est le renversement de ce qui existe. Le peuple espère que, d'une nouvelle situation créée par les révolutionnaires, il sortira un parti républicain plus jeune, plus capable de lui donner satisfaction et qui connaîtra mieux ses besoins.

Le peuple ne voit dans le parti républicain actuel que des hommes en trop grand nombre émasculés, avilis, corrompus, et il attend d'un autre parti républicain la réalisation de ses espérances. Il dépend de vous, nos Maîtres, que le peuple ne pousse pas plus loin ses idées de renversement et qu'il veuille vous maintenir. Pour cela, il faut changer votre politique et lui donner une nouvelle orientation. En d'autres termes, il faut appliquer les principes de la Révolution française et faire comprendre au peuple la liberté. Comment, par quel moyen arriverez-vous à ce résultat ? C'est là ce que nous allons essayer de dire dans les chapitres qui vont suivre.

II

De la nécessité de déterminer dans le pays un courant en faveur de la République et de donner une nouvelle orientation à la politique.

Nous voudrions avoir l'éloquence d'un Victor Hugo ou d'un Lamartine pour démontrer l'absolue nécessité de la liberté. Sous l'ancien régime, quand la société était gouvernée par un roi et que ce roi avait la prétention de représenter Dieu, on comprend qu'il refusât la liberté et qu'il cherchât à imposer sa volonté.

N'avait-il point ce roi, l'omniscience et l'omnipuissance et ne connaissait-il point, mieux que le peuple lui-même, ses besoins ! Du reste les besoins du peuple, à cette époque éloignée, étaient bornés et on ne s'occupait

guère que des querelles religieuses ou théolo-
giques qui, toutes, tournaient au · profit de
l'Église et à la ruine de ses adversaires. Un
jour pourtant, la vieille Église fut vaincue et
elle fut obligée de reconnaître aux protestants
le droit, comme on disait alors, d'adorer Dieu
selon leur conscience. Dès ce jour, la liberté
était fondée et il ne s'agissait plus que de la
faire comprendre au peuple et de l'établir
dans les esprits.

Mais c'est là ce qu'on n'a pas fait et voilà
pourquoi, depuis 1789, il y a eu tant d'éclipses
de la liberté et pourquoi le peuple s'est tant
abandonné lui-même. En effet, on le voit, après
la Révolution, chercher partout un sauveur ou
un homme providentiel. Il le cherche d'abord
dans les rangs des républicains et Robespierre,
Marat même, furent un instant populaires.
Puis, voyant que les républicains ne lui don-
naient point satisfaction et qu'ils ne cherchaient pas à lui faire comprendre la liberté, il
se retourna vers les monarchistes et leur aida
à renverser la République. Mais c'est une
chose digne de remarque que, en ce qui con-

cerne les monarchistes, ceux qui se réclamaient de l'ancien droit et voulaient rétablir la monarchie légitime, ne furent plus jamais populaires et que le peuple réserva sa confiance à ceux qui se réclamaient du nouveau droit et voulaient établir un empire démocratique.

On sait ce qu'il advint du régime établi par les monarchistes qui se réclamaient du nouveau droit et ce qu'il coûta à la France : l'étranger deux fois à Paris et la perte des conquêtes de la Révolution, voilà pour le premier Empire et, pour le second Empire, la perte de l'Alsace-Lorraine, le paiement d'une indemnité de cinq milliards et l'étranger une fois encore à Paris !.......

Malgré cela, tout n'est pas fini et, il n'est que trop facile de le voir, le peuple ne demanderait pas encore mieux que de courir les risques d'un troisième empire ou d'une troisième dictature militaire.

C'est que, en effet, le peuple ne peut pas s'arrêter et qu'il est obligé de marcher dans la voie du progrès et de la civilisation. Si les républicains ne lui donnent pas la liberté, il est obligé de la demander aux monarchistes et d'essayer d'obtenir d'eux la connaissance des choses du gouvernement et de la société ; car ce que le peuple demande, ce n'est pas tant seulement la liberté de la presse et la liberté de réunion que d'être instruit du principe même de la liberté et de connaître ce principe.

On a voulu épiloguer et prétendre que, pour arriver à la véritable liberté et à la République, le peuple n'avait besoin que de la liberté de la presse et de la liberté de réunion ; mais c'était tourner dans un cercle vicieux et il est certain que, tant que le peuple ne comprendra pas le principe de la liberté et qu'il ne sera pas instruit de ce principe, les libertés particulières ne seront pour lui qu'un leurre et qu'elles ne pourront s'établir.

En effet, n'a-t-on point vu dans nos Constitutions la liberté de la presse et la liberté de réunion dix fois proclamées et être autant de fois renversées ! Pourquoi ? Parce que le peuple, ne comprenant point le principe de la liberté et n'étant point instruit de ce principe, se mettait à la remorque de ceux qui voulaient renverser la République et toutes les libertés particulières et qu'il faisait des insurrections ou des émeutes.

Or, ces émeutes ou ces insurrections, il fallait les réprimer et employer contre elles la force; mais la force employée sous la République pour réprimer des insurrections ou des émeutes, c'est la ruine de la République et on l'a bien vu en 1848. En 1848, après la Révolution du 24 Février, le peuple, voyant que l'on ne faisait rien pour lui et qu'on ne cherchait point à lui faire comprendre la liberté, se révolta et fit les journées de Juin : il fut écrasé ; mais au coup d'État du 2 Décembre 1851, lorsque les républicains lui firent appel pour résister à Louis Bonaparte et à ses complices, il se vengea et répondit à Baudin qui allait mourir sur une barricade le mot que l'on sait : « Nous ne voulons point mourir pour défendre vos vingt-cinq francs ! »

C'est qu'en effet le peuple ne voit dans la République actuelle, comme dans celles qui l'ont précédée, que la situation personnelle des députés ou des républicains. Le peuple se trompe ; mais il faut lui faire comprendre son erreur, et on ne le peut qu'avec des actes et non par des paroles. Des paroles, en a-t-il assez entendu ce peuple depuis la Révolution et des plus éloquentes ! Il a entendu la voix de Danton, de Robespierre et de Mirabeau ; puis, celle de Louis Blanc et de Ledru-Rollin. Aujourd'hui, il entend la voix des hommes d'État de la troisième République ; mais qu'est-ce que lui disent ces paroles ? Hélas ! rien et la preuve encore une fois c'est que le peuple est toujours mécontent et qu'il n'est point satisfait. Dernièrement, l'honorable M. Rouvier, dans un discours prononcé au banquet de l'*Association Nationale Républicaine*, énumérait les réformes d'ordre purement financier ou économique qui selon lui étaient à faire et il disait :

« Ne sont-ce pas là des questions qui appor-
« teraient à la situation générale des affaires
« une simplification, une satisfaction bien
« autrement sensibles que ne le sont les ré-
« formes d'ordre purement politique ?

« Je crois que c'est dans ce sens que doivent
« être renfermés nos efforts. Je pense que dans
« le temps où nous vivons, avec l'importance
« croissante qu'ont les intérêts matériels,
« économiques, nous devons avoir pour devise
« d'opposer la *République des affaires* à ceux
« qui veulent faire de la dictature une affaire. »

Eh bien, non, ô monsieur Rouvier ! Déjà,
M. Guizot avait dit : « Enrichissez-vous » et
tous les gouvernements qui se sont succédé
depuis la Révolution ont eu pour objectif de
constituer un cabinet d'affaires ; mais ils ont
échoué dans leur œuvre, et la nation a voulu
continuer à s'occuper de politique. Pourquoi ?
C'est que la nation avant tout veut vivre, et
qu'elle sait que l'idée seule peut l'y faire
arriver. Les affaires, c'est bien ; mais avant
tout il faut dégager l'idée, et c'est là ce que ne
font point les républicains et pourquoi le pays
ne les distingue point des monarchistes. Les
bonapartistes aussi faisaient des affaires, et
mieux que ne le pourront jamais les républicains ; mais alors pourquoi le peuple les a-t-il
renversés, sinon pour mettre hors de toute

contestation l'idée qui seule fait vivre et pour fonder l'unité.

Voilà pourquoi le peuple a renversé les bonapartistes, et pourquoi il cherche encore à renverser les républicains. M. Rouvier, dans son discours que nous avons déjà cité, dit que si l'on ne fait rien c'est la faute au pays qui, étant lui-même divisé, a nommé une Chambre aussi divisée et qui est incapable d'accomplir aucune réforme.

Mais pourquoi, ô monsieur Rouvier, êtes-vous au pouvoir et pourquoi, depuis quinze ans que vous l'occupez, avez-vous laissé le pays divisé et n'y avez-vous point fondé l'unité ? Faire cesser les divisions, fonder l'unité, tel est le premier devoir d'un gouvernement ; car, en dehors de l'unité, il n'y a rien et le pays divisé est le jouet de ses ennemis à l'intérieur et à l'extérieur. Faisons donc l'unité, et occupons-nous de la politique. Mais de quelle politique faut-il nous occuper ? Est-ce de la politique des réformes ? Mais de quelles réformes ? La revision de la Constitution, la séparation de l'Église et de l'État ou telle autre réforme particulière ? Mais qui peut bien savoir quelles réformes donneraient satisfaction au peuple ? En particulier, en ce qui concerne la séparation de l'Église et de l'État et la revision de la Constitution, n'est-il pas vrai que ces deux réformes sont tout au plus des questions de procédure et qu'elles ne sont pas une solution ?

En effet, quand vous aurez séparé l'Église de l'État et qu'il n'y aura plus par exemple de budget des cultes, en serez-vous plus avancés et aurez-vous plutôt fondé la société ? N'est-il pas vrai au contraire que vous vous serez mis sur les bras une grosse affaire, et que vous ne pourrez en sortir ? De même pour la revision de la Constitution. N'est-il pas vrai que, quand vous aurez revisé la Constitution et qu'il n'y aura plus par exemple de Sénat ni de présidence de la République, vous ne serez pas plus avancés et que la République ne sera pas pour cela fondée ?

On dira que le Sénat empêche l'adoption des réformes, et qu'il refuserait d'accepter une bonne loi votée par la Chambre des députés;

mais quelle bonne loi le Sénat a-t-il refusé d'accepter, et quelle est celle qui a été votée par la Chambre des députés?

Non, la première chose à faire est de faire connaître au peuple le principe de la liberté et de l'instruire de ce principe. Tant qu'on ne sera pas arrivé à ce résultat, on s'agitera dans le vide et on ne pourra rien fonder. Maintenant, comment peut-on arriver à faire connaître au peuple le principe de la liberté et à l'instruire de ce principe? En établissant un système d'éducation et de gouvernement qui comprenne le principe de la liberté, et qui veuille faire de ce principe une réalité. Des hommes de valeur se sont occupés dans ces derniers temps de cette question de l'éducation; mais ils ont manqué de conclusion, et ils se sont arrêtés en quelque sorte à mi-chemin. Ainsi, M. Spuller, dans la préface de ses magnifiques discours prononcés lors de son trop court passage au Ministère de l'Instruction publique publiés dernièrement, pose admirablement la question et il dit : « Une idée, qui semblera dominante au point d'être exclusive, se retrouve au fond de ces discours, de même qu'une conviction, pour ainsi dire unique, les anime tous : c'est la conviction que ce fait inéluctable de la démocratie, si gros d'incertitudes et de périls, ne pose devant les sociétés troublées et inquiètes qu'un seul problème, qui n'est ni politique ni social au sens ordinaire de ces mots, mais d'un ordre plus élevé et d'une difficulté supérieure, un problème d'éducation. »

Et encore : « J'eus la notion très nette de ce qu'il y a de vraiment rénovateur dans cette conception de l'esprit qui ramène toute la démocratie à l'éducation du peuple...

« Tout démontre que la démocratie dans tous les pays est dans la plus étroite dépendance de sa propre éducation, qu'elle avance ou qu'elle rétrograde suivant que ses lumières s'accroissent ou diminuent, et qu'elle n'a de chances sérieuses d'asseoir définitivement son règne qu'en apprenant à s'éclairer..... Je veux parler de la nécessité impérieuse de rattacher à la cause de la République les foules innombrables de Français que la Révolution de 1789 a fait citoyens propriétaires du sol, que la Révolution de 1848 a fait électeurs participant, par l'exercice de leur souveraineté, au gouvernement de leur pays..... »

De même Gambetta, dans son magnifique discours prononcé à Bordeaux le 26 Juin 1871, dit : « Attachons-nous à faire disparaître le mal, cause de tous les maux, l'ignorance, d'où sortent alternativement le despotisme et la démagogie. Pour combattre ce mal, de tous les remèdes qui peuvent solliciter l'attention des hommes politiques, il en est un qui les domine et qui les résume tous : c'est l'éducation du peuple...

« Il faut se retourner vers les ignorants et les déshérités, et faire du suffrage universel, qui est la force par le nombre, le pouvoir éclairé par la raison. Il faut achever la Révolution.

« Le jour où il sera bien entendu que nous n'avons pas d'œuvre plus grande et plus pressante à faire, que nous devons laisser de côté, ajourner toutes les autres réformes, que nous n'avons qu'une tâche, instruire le peuple, répandre l'éducation et la science à flots, ce jour, une grande étape sera marquée vers notre régénération... Nous offrons au monde ce spectacle d'avoir été le peuple qui a le premier revendiqué les droits de la raison, et nous en sommes réduits à ne la point enseigner, à ne la point pratiquer pour notre compte. »

Mais comment enseigner, comment appliquer cette raison dont vous parlez, ô Gambetta, dans des termes si éloquents et qui n'est et ne peut être que la liberté? Dans un autre discours, cité par M. Gabriel COMPAYRÉ dans la *République française* du 9 Juin 1888, M. Gambetta dit en s'adressant aux professeurs de l'Université : « Vous autres, professeurs, vous êtes des pêcheurs d'hommes. Répandez-vous sur toute la surface du pays ; livrez-vous sans relâche à cette pêche miraculeuse : vos filets sont d'or, vos mailles sont solides : pêchez, pêchez : c'est l'avenir de la France que vous rapporterez dans vos filets. »

Eh bien, non, ô Gambetta, ce n'est point l'avenir de la France que vos professeurs rapportent dans leurs filets et ils ne pêchent point des hommes ! Ils ne rapportent rien dans leurs filets et ils ne font que des déclassés ou tout au plus des hommes qui, mieux armés pour la bataille de la vie et dépourvus peut-être de sens moral, oppriment leurs semblables et cherchent à les réduire en esclavage.

Ont-ils, ces professeurs, depuis un siècle bientôt qu'ils sont en fonctions, fondé la foi profonde, c'est-à-dire la foi dans la liberté et la justice ? Non, ils n'ont rien fait et ils ont laissé le peuple livré aux doctrines de l'absolutisme. Prenez garde, il n'y a aucune différence entre votre système et celui que veulent établir les partisans de la monarchie constitutionnelle et le peuple ne distingue pas entre eux. Vous le connaissez, le système que veulent établir les partisans de la monarchie constitutionnelle : c'est celui qui règne depuis la Révolution et il n'est fait que d'égoïsme et de petitesse, de lâcheté morale et matérielle. Au point de vue de la famille ou au point de vue personnel, une anecdote vous fera connaître l'idéal que poursuit ce système et le but qu'il se propose d'atteindre. — Un maître de l'Université, — c'est un des principaux organes du parti conservateur qui parle et qui, dans un article bibliographique élogieux pour ce maître et publié dernièrement, raconte cette anecdote ; — un maître de l'Université, disons-nous, ancien directeur de l'École normale, écrivain distingué, apercevant de l'unique fenêtre de la mansarde que, dans sa jeunesse, il habitait dans les environs du Panthéon, les hauteurs boisées de Passy et d'Auteuil, s'écria : « J'irai-là ! »

J'irai-là, c'est-à-dire je gagnerai de l'argent et je deviendrai riche. Je me mettrai au service du parti conservateur, et je défendrai ses intérêts ; puis j'irai-là, à Auteuil-Passy, et je jouirai, dans une charmante villa et sous de frais ombrages, de la fortune et du bien-être !

Voilà, au point de vue de la famille ou au point de vue personnel, l'idéal du système que veulent établir les partisans de la monarchie constitutionnelle et le but qu'il se propose d'atteindre. Au point de vue politique et social, ce système, avec une pointe de cléricalisme ; — car, si Voltaire est bon pour la classe riche et intelligente, il est mauvais pour le peuple. Tout bourgeois doit avoir Voltaire dans son salon ou dans son cabinet, mais il ne doit pas permettre qu'on l'élève sur la place publique ! —

Ce système, disons-nous, avec une pointe de cléricalisme, s'accommode du 2 Décembre et du système impérial ; et, s'il envisage quelquefois avec légèreté les éventualités terribles d'une guerre comme celle de 1870-1871 ou comme celle dont nous sommes menacés, il veut, une fois la guerre engagée, traiter avec l'ennemi et il demande la paix à tout prix !

Non, il faut à la France, il faut à la démocratie un autre système et un autre idéal ; il lui faut un système qui ait pour but la liberté et la justice, et qui veuille y arriver. Comment pourra-t-on établir ce système ? C'est là ce que nous allons essayer d'expliquer dans les chapitres qui vont suivre.

III

De la nécessité d'établir un nouveau système d'éducation et de gouvernement et de donner pour base à ce système la liberté.

Qu'est-ce que le gouvernement ? Le gouvernement est l'ensemble des forces actives et agissantes de la nation. Sous l'ancien régime, le roi personnifiait la nation et il faisait la loi. Aujourd'hui, la loi est faite par le Sénat et par la Chambre des députés qui représentent la nation ; mais que la loi soit faite par le Sénat et par la Chambre des députés ou qu'elle soit faite par le roi, elle n'en retombe pas moins lourdement sur le peuple qui n'en voit pas la différence.

En effet, le peuple ne comprend pas le mécanisme du Sénat et de la Chambre des députés ni qu'il peut lui-même avoir une action dans la loi. Nous osons dire que toute la question est là, et qu'il s'agit de faire comprendre au peuple que c'est lui qui fait la loi et qu'il dépend de lui simple ouvrier ou obscur paysan que cette loi soit améliorée ou qu'elle reste stationnaire.

Jusqu'ici, on n'a rien fait et on a laissé le peuple livré à la superstition et aux préjugés. Voilà des hommes qui, il y a environ un siècle, arrivent au pouvoir et qui renversent la monarchie. Ces hommes vont, bien entendu, se retourner du côté du peuple et lui faire comprendre la vérité ; ils vont lui expliquer que, la liberté étant devenue un besoin, il a fallu en venir à renverser le principe de l'autorité qui en était la négation ; mais que, l'égalité n'étant point un vain mot, il était du devoir de ceux qui étaient arrivés les premiers d'appeler le peuple à jouir des bienfaits de la liberté et que, du reste, un retour des partisans du principe de l'autorité étant toujours possible, il fallait chercher dans la solidarité ou la fraternité un moyen pour leur résister et pour établir définitivement le principe de la liberté.

En un mot, les hommes dont nous parlons vont prêcher les trois grands principes de la liberté, de l'égalité et de la solidarité ou de la fraternité et chercher à les faire pénétrer dans le peuple. Eh bien, non, ces hommes vont s'entendre avec le roi et chercher, en dehors du peuple, à fonder le système de la monarchie constitutionnelle. Malheureusement le roi, jaloux de son autorité, va essayer de maintenir le peuple sous le joug et de s'en servir pour empêcher les prétendus partisans du principe de la liberté d'arriver au pouvoir et d'établir le régime de leurs préférences. Il va en résulter comme un duel entre les partisans du nouveau régime et ceux qui leur sont opposés. Les premiers vont appeler le peuple aux armes et invoquer les principes de la Révolution ; les seconds vont invoquer les principes d'ordre et de conservation sociale et faire appel à tous ceux qui auraient quelque chose à perdre au changement.

Le duel dont nous parlons dure encore ; et c'est même une chose honteuse pour les partisans du nouveau régime que, après tant d'années passées sous la République ou, du moins, sous le régime parlementaire, il y ait encore, comme quelques-unes des dernières élections législatives l'ont révélé, dans tel ou tel département, tant de gens qui demandent le rétablissement de l'ancien régime. Comment ! vous avez le pouvoir sous la République et vous ne savez pas déterminer dans le pays un courant en faveur de ce régime. Mais que faites-vous donc au pouvoir, et comment entendez-vous votre mission ? Nous entendons bien, vous dites que, pendant la période électorale et à certains jours dans les fêtes, vous parlez au peuple et que vous tâchez de faire son éducation. Mais cela ne suffit pas, et il y faut de l'esprit de suite et de la persévérance et une volonté constante d'arriver à faire comprendre au peuple la vérité. Voyez l'Eglise comme elle parle au peuple tous les jours, et comme elle cherche à lui inculquer l'idée de l'autorité.

Or, ce que l'Église fait pour inculquer au peuple l'idée de l'autorité, il faut que vous le fassiez pour lui inculquer l'idée de la liberté. Braves gens qui avez cru si facile d'établir la République, comprenez-le donc, il faudra pour y arriver livrer aux partis de réaction une lutte effroyable. Tant qu'il ne s'est agi que de la révision de la Constitution ou même de la séparation de l'Église et de l'État, ces partis ont pu s'incliner et reconnaître le fait accompli. En effet, la révision de la Constitution n'est, comme la République elle-même, qu'un mot ou une étiquette, et, tant que le peuple ne sera pas instruit et qu'il sera ignorant, elle peut conduire au rétablissement de la monarchie ; et, en ce qui concerne la séparation de l'Église et de l'État, beaucoup de bons esprits prétendent que l'Église peut en retirer des avantages et que, en présence d'un peuple comme le nôtre qui est inexpérimenté et qui n'a pas l'usage de la liberté, elle s'en servira pour rétablir sa domination.

Mais lorsqu'il s'agira de changer le fond des choses et de s'emparer de l'âme même du peuple, le parti réactionnaire résistera et il forcera le parti républicain à l'écraser. Qu'on y songe, le parti républicain a pour mission de changer l'esprit et les mœurs de la nation ; mais, plutôt que de consentir à ce changement et d'abandonner au parti républicain la direction de l'âme du peuple, le parti réactionnaire ou clérical mettrait le feu à l'Europe et au monde. De son côté, le parti républicain ne peut pas renoncer à sa mission et il est obligé de poursuivre ce qui est sa raison d'être dans l'histoire. Il en résulte que la lutte dont nous parlons est fatale, et qu'elle ne peut se terminer que par l'écrasement définitif du parti réactionnaire et par le triomphe du parti républicain. On a pu retarder cette lutte, mais on n'a fait que la rendre plus dangereuse et plus terrible. Pourquoi n'a-t-on pas plutôt engagé cette lutte, et pourquoi ne l'a-t-on pas fait dans les meilleures conditions possibles ? Parce qu'on avait jusqu'ici choisi un mauvais terrain et que l'on croyait que, quand on aurait changé des noms et des formules et proclamé la République, on l'aurait en effet fondée et qu'on l'aurait mise à l'abri de toute atteinte. On a reconnu son erreur et on a compris que, pour fonder la République, il fallait la faire comprendre au peuple et lui inculquer l'idée de la liberté. Maintenant, comment faire comprendre au peuple la République et lui inculquer l'idée de la liberté ? C'est là ce que nous allons essayer d'expliquer dans les lignes qui vont suivre ; mais auparavant on nous permettra d'observer que, dans cette étude, nous ne nous occuperons point des changements législatifs qui pourraient être rendus nécessaires pour atteindre le but que nous nous proposons. Ces changements ressortiront de l'étude elle-même et, d'ailleurs, ils sont peu importants. M. Gabriel COMPAYRÉ, dans son article de la *République Française* que nous avons déjà cité, rapporte les paroles suivantes de M. GUIZOT : « Les meilleures lois, les meilleures institutions sont peu de chose tant que les hommes chargés de les mettre en œuvre n'ont pas l'esprit plein et le cœur touché de leur mission, et n'y apportent pas eux-mêmes une certaine mesure de passion et de foi... »

Et il ajoute: « Au point où nous en sommes, alors que des lois fécondes ont organisé de toutes pièces la machine scolaire, ce qui importe, c'est moins des actes nouveaux, des réformes succédant à d'autres réformes, qu'un ministère de propagande et de parole, dont le chef, par sa présence, par son éloquence toujours prête, sache vivifier les diverses parties de ce grand corps, se prodiguant en toute occasion pour rappeler à l'Université ses devoirs et l'idéal de l'éducation, et par un contact incessant communiquant aux maîtres de l'enseignement la passion et la foi qui l'animent »

Quoique M. Guizot et même M. Gabriel Compayré ne pensent peut-être pas comme nous et qu'ils ne soient point pénétrés de l'absolue nécessité de donner à l'éducation un caractère politique et moral, nous nous approprions dans une large mesure leurs paroles et nous pensons comme eux qu'il n'y a pas lieu de voter de nouvelles lois sur l'instruction publique. Tout au plus, pourrait-on changer l'attribution de certains ministères et par exemple transporter à l'Instruction publique ce qui est en partie à l'Intérieur.

En effet, que font au ministère de l'Intérieur certaines attributions des préfets et des maires et n'est-il pas certain qu'une partie au moins de la mission de ces fonctionnaires appartient à l'éducation ? D'un autre côté, nous ne comprenons pas que l'on ait voulu jusqu'ici distraire les préfets et les sous-préfets de leur mission d'enseigner et de faire l'éducation du peuple pour en faire par exemple des agents électoraux ; et c'est ce qui explique, pour le dire ici en passant, la haine et l'hostilité que rencontrent dans le pays les fonctionnaires dont nous parlons et la proposition qui a été faite dans les Chambres pour la suppression des sous-préfets et pour la décentralisation, de manière à ce que les maires représentent les communes et soient nommés par les Conseils municipaux.

Or, les maires doivent être des agents du pouvoir central et, en ce qui concerne les sous-préfets, il n'y a déjà pas trop dans le pays d'agents d'éducation et de gouvernement pour qu'on puisse les supprimer. Mais ces agents, de même que les maires et les préfets, ne doivent plus être détournés de leur mission qui est, encore une fois, d'enseigner et de faire l'éducation du peuple. En troisième lieu, nous ne comprenons pas que, dans une société démocratique comme la nôtre, il y ait une aussi grande place pour l'enseignement des sciences pures et des mathématiques. Tout au plus, devrait-il y avoir pour cet enseignement au ministère de l'Instruction publique une division ou une direction; car, qu'importe à la société qu'il y ait en grand nombre des ingénieurs et des savants ou des hommes qui connaissent les sciences pures et les mathématiques? Au contraire, il lui importe que l'on soit instruit de ses devoirs et que l'on connaisse ses obligations envers soi-même et envers la société. Voilà pourquoi nous demandons que, au ministère de l'Instruction publique reconstitué, il n'y ait plus, comme nous l'avons dit, qu'une direction ou une division pour l'enseignement des sciences pures et des mathématiques et que tout le reste du ministère soit

occupé par l'enseignement des sciences morales et politiques.

Maintenant, comment s'exercera cette action
du ministère de l'Instruction publique occupé
par l'enseignement des· sciences morales et
politiques, et comment dispensera-t-il cet
enseignement ? Par l'entremise des préfets et
des sous-préfets, et par celle des maires et des
instituteurs. On comprend toute l'importance
qu'il y a à avoir de bons fonctionnaires et des
hommes qui fassent aimer la République et
qui lui soient dévoués. Or, est-ce là ce qui arrive
et n'est-il point vrai au contraire que les
fonctionnaires aujourd'hui sont des réaction-
naires et des hommes qui, ne comprenant rien
aux principes de la République, la laissent
attaquer et la laisseraient renverser si elle ne se
soutenait par une certaine force de choses.

En effet, voyez les instituteurs ! N'est-il
point vrai que les instituteurs ne font rien
pour la République et que, quand ils ont mis
l'enfant du peuple en état de tenir un emploi
et qu'ils lui ont appris par exemple les
quatre premières règles de l'arithmétique et

un peu d'orthographe ou de grammaire, — c'est-à-dire quand ils en ont fait le plus souvent un déclassé ; — ils croient avoir rempli leur mission ?

La faute n'en est pas à eux, les malheureux ; mais à ceux qui ont cru que, à force de science et d'instruction proprement dite, on pouvait arriver à comprendre la République et qui n'ont enseigné aucun principe ; la faute en est à ceux qui ont prêché cette chose absurde que l'on a appelé la neutralité de l'école et qui, si elle était possible, conduirait à l'anarchie la plus dangereuse qui fût jamais ; car d'un côté vous auriez l'Église qui, continuant d'enseigner le principe de l'autorité, retiendrait une partie du peuple autour d'elle, et de l'autre, vous auriez la société civile qui, elle, n'enseignant aucun principe et se contentant de nier ou de contester le principe de l'Église, ne pourrait arriver à se fonder et à établir la liberté.

Voilà où conduirait la neutralité de l'école ; mais cette neutralité n'est point possible et on doit, dans l'école, enseigner la liberté et le principe de la République. En attendant, on ne les y enseigne point et voilà pourquoi nous sommes fondé à dire que l'instituteur ne rend à la République aucun service. Reste les maires, les préfets et les sous-préfets. En ce qui concerne les premiers, une fausse manœuvre du parti radical ou intransigeant a remis la nomination de ces fonctionnaires aux Conseils municipaux et il en résulté que, dans la plupart des communes de France, le principal agent du gouvernement ou du pouvoir central est un réactionnaire et un homme qui cherche à renverser la République et à rétablir la monarchie !

Et à ce propos, on nous permettra de déplorer la manière du parti radical ou intransigeant qui, sentant que le peuple n'est pas satisfait et qu'il est mécontent, cherche à détourner son attention et à le passionner pour des questions qui lui importent peu ou dont la solution serait nuisible et dangereuse pour ses intérêts. Ainsi, nous avons eu la question de la révision de la Constitution et celle de la séparation de l'Église et de l'État. Il est vrai que, aussitôt qu'un homme sorti des rangs de l'intransigeance ou du radicalisme est arrivé au pouvoir, il cesse de parler de ces questions et qu'il en ajourne la solution ; mais il vaudrait bien mieux ne parler que des questions dont la solution importe, et qui intéressent le salut du peuple. Telle la question de l'éducation et du gouvernement qui est seule digne de fixer l'attention et de mériter les efforts de tous les hommes de valeur et d'intelligence, et qui les fera arriver au pouvoir.

Mais nous voulons parler des préfets et des sous-préfets. N'est-il point vrai que c'est d'eux surtout dont on pourrait dire que, « ne comprenant rien aux principes de la République, ils la laissent attaquer et la laisseraient renverser si elle ne se soutenait par une certaine force des choses ? »

Voyez d'abord où l'on recrute les préfets et les sous-préfets ? Dans certaines familles et chez certains individus qui avaient été jusque-là hostiles à la République et que l'on espère ainsi rallier. Il en résulte que, une fois ces individus nommés, ils n'ont plus à s'occuper de leurs places et que, ne croyant point à la

République, ils ne cherchent qu'à se faire pardonner par leurs amis et à défendre les intérêts de la monarchie.

C'est là, en effet, ce qui se passe et le secret des petites combinaisons d'où sortent quelquefois pour la République des élections hostiles et, pour le parti qui est actuellement au pouvoir, les plus grands dangers. Il n'y a qu'un moyen pour éviter ces dangers et les élections hostiles et pour avoir de bons fonctionnaires, c'est d'établir des écoles dans lesquelles on enseigne les principes de la République et où l'on fasse comprendre la liberté. Il faut que, dans ces écoles, entrent tous ceux qui se destinent aux emplois et qui veulent occuper un poste sous la République et que l'on ne voit plus de ces anomalies ou de ces scandales comme d'individus sortis de chez les jésuites ou des écoles congréganistes, où ils ont appris des principes opposés à ceux sur lesquels repose la société moderne, et qui commandent nos armées et dirigent nos administrations publiques.

Il faut fonder en France l'unité, et on ne le

peut qu'en établissant un nouveau principe et en enseignant la foi dans la liberté. Voyez l'Église comme elle enseigne la foi dans l'autorité, et comme elle cherche à retenir autour d'elle le peuple ; voyez-là avec ses temples et sa hiérarchie, ses cérémonies et son culte. Tous ses efforts tendent à s'emparer de l'esprit du peuple, et à lui inculquer l'idée de l'autorité ; car il faut au peuple une idée et c'est par l'idée catholique, par l'idée de l'autorité, qu'il a fait au moyen-âge son unité. Que l'on réfléchisse à l'état de la Gaule lors de la chute de l'Empire romain ; que l'on réfléchisse à ses petits rois ou chefs francs qui s'étaient établis sur les ruines de cet Empire et qui se faisaient la guerre et l'on reconnaîtra que Clovis, le plus puissant d'entre eux, n'aurait pu arriver à dominer et à vaincre ses rivaux s'il ne s'était fait chrétien et s'il n'avait pas été soutenu par la secte.

Plus tard, quand la monarchie fut fondée et que déjà on voyait poindre dans un horizon brillant l'unité de la patrie entière, les rois, qui n'avaient pas renoncé à tout esprit de retour vers la féodalité, compromirent cette unité en donnant à leurs fils ou à leurs frères des apanages qui permirent souvent à ceux-ci de s'allier avec l'étranger et de leur faire la guerre. C'est ainsi que sous Charles VI, Charles VII et Louis XI, les ducs de Bourgogne s'allièrent aux Anglais et firent la guerre aux rois; sous Charles IX, Henri III et Henri IV, les princes de la maison de Lorraine, le duc de Guize et le duc de Mayence, s'allièrent aux Espagnols et firent également la guerre aux rois. Enfin, sous Louis XIII et même encore pendant la minorité de Louis XIV, les ducs d'Orléans, frères des deux rois, le dernier soutenu par Turenne et par le grand Condé, se révoltèrent et ils combattirent contre les troupes de la monarchie.

Mais le principe de l'autorité royale triompha, et il eut raison de toutes les difficultés et de tous les obstacles. Louis XI, dans la personne de Charles-le-Téméraire, duc de Bourgogne, frappa le dernier représentant de la grande féodalité et Richelieu, dans la personne de Cinq-Mars et Dethou, complices et confidents du duc d'Orléans, frappa ce qui restait de cette même féodalité et il mit la royauté hors de page. Malheureusement, cette royauté avait une base trop étroite et qui ne pouvait convenir à une société avancée en âge et en civilisation. Déjà au moyen-âge, l'Église, pour maintenir son unité, avait fait la croisade contre les Albigeois et massacré les Vaudois ; au seizième siècle, elle fit les guerres de religion et la Saint-Barthélemy ; enfin, sous Louis XIV, elle fit la révocation de l'édit de Nantes et les Dragonnades. Malgré tout, l'unité de l'Église était atteinte et il devenait urgent pour la France de fonder une nouvelle unité et d'établir un nouveau principe et un nouvel idéal. Malheureusement, ce nouveau principe et ce nouvel idéal n'ont point jusqu'ici été compris et l'unité n'a pu se faire. Voyez en effet les divisions qui règnent dans notre pays, et qui le conduisent à sa ruine et à sa dissolution ; voyez les bonapartistes d'un côté, les légitimistes ou les orléanistes de l'autre, tous gardant leurs positions et aussi forts au moins qu'il y a dix-huit ans.

Vous dites, nos Maîtres, que vous avez beaucoup fait et il vous arrive quelquefois, pour répondre à certaines attaques passionnées et injustes peut-être, de monter au Capitole et de chanter vos propres louanges ; mais si vous avez tant fait pour la démocratie et si vous lui avez donné satisfaction, comment se fait-il qu'elle est autour de vos ennemis et qu'elle ne veut pas vous suivre ? Comment se fait-il qu'elle reste dans les temples chrétiens et que, même parmi vos amis, il y ait tant de gens qui élèvent leurs enfants dans les principes du catholicisme et qui en feraient des autoritaires ou des monarchistes, s'il pouvait y avoir encore aujourd'hui des autoritaires ou des monarchistes ?

Non, vous n'avez rien fait et la preuve c'est que le peuple vous abandonne de toutes parts et que vous n'avez autour de vous que la masse des repus et des satisfaits. Vous n'avez rien fait et le peuple est découragé, dévoyé ; il ne sait à qui entendre et n'attend qu'une occasion pour se débarrasser de vous. Vous n'oseriez pas dire en effet que la troisième

République ou même un gouvernement quelconque est près de se fonder en France définitivement, et que l'ère des révolutions y est close.

Certes, il y a eu depuis la Révolution et il y a encore parmi vous des hommes de valeur et honnêtes; mais à quels résultats sont-ils arrivés, et quel gouvernement ont-ils fondé? Tout arbre se juge par ses fruits, dit-on. Or, quels sont les fruits rapportés par les hommes du gouvernement? Ces fruits, vous les connaissez, c'est un siècle bientôt de révolutions et d'anarchie, la France mise à deux doigts de sa perte et ne pouvant se relever, enfin, les forces de la nation s'émiettant et se subdivisant jusqu'à l'infini; car, ce qui fait la gravité de la situation actuelle, c'est que le peuple ne peut plus s'unir pour rien fonder et qu'il ne fait que détruire. Supposez en effet les bonapartistes au pouvoir et ayant rétabli l'empire. N'est-il pas vrai que les légitimistes et les orléanistes s'uniront aux républicains, et qu'ils chercheront à les renverser? De même, si ce sont les orléanistes qui arrivent au pouvoir et qui cherchent à rétablir la monarchie. N'est-il pas vrai que ce seront alors les bonapartistes qui s'uniront aux républicains, et qui chercheront avec eux à renverser les orléanistes ?

Et, en ce qui concerne les républicains, voyez-les attaqués aujourd'hui avec violence par les bonapartistes et les orléanistes qui cherchent aussi à les renverser. D'un autre côté, voyez les républicains eux-mêmes s'attaquer avec violence et chercher également à se renverser. Les opportunistes cherchent à renverser les intransigeants, et ceux-ci les opportunistes. Enfin, il y a une anarchie telle que l'on ne sait plus où est sa voie et que personne ne connaît la vérité. Demandez à tel ou tel ce qu'il pense de la querelle entre les opportunistes et les intransigeants, et il vous répondra qu'il n'en sait rien et qu'il ne daigne pas s'en occuper. La querelle entre les intransigeants et les opportunistes est, en effet, peu de chose, et elle ne concerne pas les intérêts du peuple.

Il n'y a qu'une chose qui intéresse le peuple, c'est d'arriver à l'unité. On a dit qu'on pouvait l'établir en invoquant le nom de la France et en faisant appel au patriotisme; mais tout le monde invoque le nom de la France, et on fait partout appel au patriotisme. En 1793, quand les Vendéens étaient soulevés et qu'ils combattaient contre les armées de la République; et quand, à la même époque, les nobles et les émigrés de l'armée de Condé s'apprêtaient à envahir la France et à marcher parallèlement avec l'étranger sur Paris, ne prétendaient-ils pas agir au mieux des intérêts de la France et être plus patriotes même que les hommes de la Convention ?

Et Bazaine, devant le Conseil de guerre de Trianon, en 1871, ne dira-t-il pas pour sa défense que, s'il a rendu à l'ennemi la dernière armée de la France, c'était pour conserver cette armée à la France et pour lui permettre de rétablir l'ordre ?

Non ! il n'y a pas de différence à faire entre un peuple et son gouvernement et on ne distingue pas entre eux. Quand, sur les champs de bataille de la monarchie, nos pères combattaient contre l'Espagnol ou l'Anglais et contre les princes de la féodalité, c'était au cri de *vive le Roi !* et ils ne distinguaient pas entre ce cri et celui de *vive la France !* Le roi était bien en effet à cette époque le représentant des intérêts de la France, et il personnifiait la patrie. Il faut qu'aujourd'hui la République personnifie la patrie, et qu'elle soit comme le représentant des intérêts de la France. Mais comment? En associant le peuple au gouvernement, et en lui faisant connaître la vérité. Maintenant, comment peut-on arriver à faire connaître au peuple la vérité et à l'associer au gouvernement? En lui enseignant, encore une fois, les principes sur lesquels le gouvernement repose et en lui faisant comprendre la liberté! Tout gouvernement fondé sur la liberté doit en effet, non-seulement laisser le peuple jouir de la plénitude de la liberté, mais encore lui enseigner le principe même de cette liberté et tâcher d'en faire une réalité.

Autrement, la liberté ne serait qu'un leurre et il n'y aurait à jouir de la liberté que ceux qui auraient pu en connaître le principe et qui en auraient fait pour eux une réalité. Maintenant, comment peut-on enseigner au peuple le principe de la liberté et faire de ce principe une réalité? Nous avons déjà dit que le gouvernement doit-être considéré non plus comme une chose abstraite et hors de proportion avec la vie réelle, mais comme une chose d'éducation. Les agents du gouvernement doivent, en même temps qu'ils font exécuter la loi, en faire comprendre le principe et ainsi par exemple les préfets, qui interviennent dans les grèves pour faire respecter le principe de la liberté du travail, doivent faire comprendre au peuple que ce principe interdit aux ouvriers d'employer la force pour faire augmenter les salaires, de même qu'il interdit aux patrons de se servir de leurs capitaux pour faire travailler pour rien et pour exploiter le peuple.

C'est entre ces deux termes du même problème que l'État doit se mouvoir et il doit rappeler que, la liberté des uns étant limitée par la liberté des autres, cette limite serait dépassée par exemple si les ouvriers voulaient empêcher quelques-uns d'entre eux de travailler aux prix fixés par les patrons de même que si ceux-ci voulaient réaliser sur leurs ouvriers des bénéfices trop considérables et hors de proportion avec les produits de leur commerce ou de leur industrie.

Et l'État a un certain droit de contrôle et d'appréciation sur ces choses ; car, n'en déplaise aux économistes, il n'y a point d'absolu et si, à la faveur du système actuel, des patrons arrivaient à accaparer toutes les branches du commerce et de l'industrie et à réduire le peuple en esclavage, il ne faut pas croire que la puissance publique serait désarmée et qu'elle ne pourrait pas intervenir dans l'intérêt de la loi ou de la justice. Oui, la puissance publique interviendrait et elle ferait rentrer dans l'ordre et le devoir ceux qui s'en seraient écartés et qui auraient compromis la sûreté de l'État. Maintenant, on demandera comment la puissance publique interviendrait et comment elle ferait rentrer dans l'ordre et le devoir ceux qui s'en seraient écartés et qui auraient compromis la sûreté de l'État ?

Nous répondrons que la puissance publique trouverait ses moyens dans la politique, et

qu'elle n'en manquerait point. Il nous suffira
de dire que l'impôt et l'Assistance publique
sont des moyens efficaces pour faire rentrer
dans l'ordre et le devoir ceux qui s'en seraient
écartés, et pour rétablir entre les fortunes et
les positions une certaine égalité et un certain
équilibre. Il est évident que, dans une société
où il y a des fortunes qui se chiffrent par plu-
sieurs centaines de millions et où il y a des
individus qui meurent de faim, tout n'est pas
pour le mieux et qu'il y a quelque chose à
faire. Or, ce qu'il y a à faire c'est, comme
nous l'avons dit, de rétablir entre les fortunes
et les positions une certaine égalité et un certain équilibre et de se servir pour cela de
l'impôt et de l'Assistance publique comme de
moyens efficaces. Mais, avant tout, il faut
vouloir et comprendre que l'on ne peut rien
tant qu'on n'aura pas fait l'éducation du peuple
et qu'on ne l'aura pas instruit de ses droits et
de ses devoirs.

Il est évident que, à la première tentative
de réforme, le parti de la réaction crierait et
qu'il arriverait à persuader au peuple que ses

intérêts sont menacés et que l'ordre social est en péril. Il faut donc, et l'on y revient de toutes parts, commencer par faire l'éducation du peuple et par l'instruire de ses droits et de ses devoirs. Il faut procéder à cette œuvre avec calme et modération, mais avec fermeté et y mettre l'esprit de suite, l'ordre et la méthode nécessaires. Nous prononçons que, en dehors du système dont nous venons de parler, il n'y a rien et qu'aucun gouvernement en France n'est désormais possible.

IV

De la nécessité de fonder en France l'unité et d'organiser la Démocratie.

Ainsi donc, ce que nous reprochons aux membres du gouvernement actuel c'est moins de n'avoir pas accompli telle ou telle réforme particulière que de n'avoir pas fondé définitivement la République et de ne pas l'avoir établie dans le cœur du peuple.

Là-dessus, il ne peut y avoir de contestation et ceux qui douteraient que la République n'est point fondée définitivement ni établie dans le cœur du peuple n'ont qu'à réfléchir à l'état du peuple que les élections nous révèlent et à l'hostilité du suffrage universel contre les institutions existantes. Il y a quelques jours, à Romans, l'honorable M. MADIER-MONTJAU,

questeur de la Chambre des députés, disait :
« Il n'y a plus en France que des républicains ! »

Or, le même jour, le suffrage universel en-
voyait à la Chambre, dans la Dordogne, un
bonapartiste et, dans l'Ardèche, il donnait à
M. le général Boulanger une minorité de
25,000 voix. Précédemment, le département
du Nord avait donné au même général Boulanger une majorité de 172,000 voix et les
Charentes avaient envoyé à la Chambre un
bonapartiste. Voilà comment la France est républicaine ! Vous dites que vos fonctionnaires
au moins sont républicains, et qu'ils sont
dévoués au gouvernement actuel. Eh bien non,
vos fonctionnaires même ne sont pas républicains et ils ne font que se réserver. Supposez que demain une monarchie ou un gouvernement réactionnaire quelconque s'établisse,
et dites-nous combien il y en aura parmi ces
fonctionnaires qui se retireront et qui donne-
ront leur démission ? Il n'y en aura pas un, et
tous ils chercheront à se faire agréer par le
nouveau gouvernement et à lui continuer

leurs services. Ne dites donc pas qu'il y a des fonctionnaires républicains, et qui cherchent à servir le gouvernement actuel. Mais si vous doutez encore et si vous croyez que malgré tout il y a quelque chose en France qui soit républicain ou qui milite en faveur de l'établissement actuel, nous vous demandons de vous placer en face d'une hypothèse et de nous dire ce qui arriverait si demain une guerre éclatait et qu'on fût obligé d'envoyer à la frontière l'armée de Paris ?

Ce qui arriverait, c'est que le peuple ferait une révolution et qu'il chercherait à vous renverser. D'un autre côté, vos généraux, au lieu de regarder vers le Rhin ou les Vosges et de chercher à vaincre l'ennemi, regarderaient vers Paris et chercheraient à rétablir la monarchie.

Voilà ce qui arriverait; mais ne dites donc plus que le peuple et vos généraux sont républicains, et qu'ils cherchent à maintenir le gouvernement actuel. Certes, il était difficile, au moment de la Révolution, de fonder sur les débris du vieux monde, un nouveau gouvernement et une nouvelle société. L'ancienne société et l'ancien gouvernement reposaient sur la grâce et sur le privilège. Dieu, disait-on, donne ses biens à qui il lui plaît et c'est ainsi qu'il a rendu possesseurs du sol et de la fortune de la France, la noblesse et le clergé.

Mais quoi ! voilà des hommes qui vont changer tout cela et qui prétendent fonder le gouvernement et la société sur le droit et sur la raison pure. Œuvre ardue, et qui est loin d'être accomplie !

Et pourtant, il faut que cette œuvre s'accomplisse ; car, il y va du salut de la France et de la République. L'ancienne société en effet ne peut renaître et, pour que les forces de la nation puissent être réunies et dirigées vers un but commun, il faut que la nouvelle société soit constituée et qu'elle repose sur sa base indestructible. Qu'on y réfléchisse, la France a toujours marché à la tête des nations et elle les a précédées dans la voie du progrès et de la civilisation. Au moyen-âge, quand les autres nations se cherchaient et s'ignoraient encore, la France était déjà constituée et elle pouvait envoyer à la croisade une armée qui servait de ralliement et comme de lien à toute la chrétienté.

Plus tard, quand la royauté française dominait et que Louis XIV pouvait mettre sur pied et envoyer sur le Rhin ou dans les Flandres des armées de cent mille hommes commandées par Turenne, Condé, Luxembourg ou Catinat, les autres puissances cherchaient péniblement à se constituer et à élever l'édifice de leur royauté ; car c'est une chose digne de remarque que, à toutes les époques de son histoire, l'Europe a toujours eu la même constitution et le même gouvernement. L'Europe au moyen-âge était gouvernée par la féodalité et chaque État avait une infinité de petites principautés ou de petites seigneuries qui n'avaient aucun lien entre elles ni aucune unité. Plus tard l'Europe fut gouvernée par la monarchie et c'est parce que la monarchie française sortit la première du chaos féodal que Louis XIV put, comme nous l'avons dit, envoyer sur le Rhin ou dans les Flandres des armées de cent mille hommes quand ses adversaires ne pouvaient lui opposer que des armées insignifiantes ou dérisoires.

En effet, l'Empire, à cette époque était composé d'une foule d'États dont les chefs n'avaient d'autre puissance que celle qu'ils pouvaient tirer de leurs propres forces et qui étaient souvent divisés entre eux. Ainsi, Louis XIV se servait des Bavarois et d'une partie des Allemands du Nord pour combattre la maison d'Autriche, dont le chef était revêtu de la dignité impériale et avait en apparence la direction du corps germanique.

Louis XV se servit de cette même maison d'Autriche pour combattre Frédéric II, roi de Prusse, qui commençait à arrondir son royaume. Enfin, Napoléon eut pendant tout son règne dans ses armées des Hanovriens, des Bavarois, des Saxons, des Wurtembergeois et des Badois, et il s'en servit pour combattre la Prusse et la maison d'Autriche tantôt réunies et tantôt séparées. Mais ces temps ont changé, et aujourd'hui la Prusse et l'Allemagne présentent une unité formidable. Il en est de même de l'Italie qui, elle aussi, fut divisée et dont les divers États servirent à nos rois d'alliés contre des membres de la même famille ou contre l'Autriche. La Russie qui, depuis les temps dont nous parlons, sortie des ténèbres de la barbarie, est devenue un des principaux facteurs de la politique européenne. Tous ces États se sont constitués, et ils sont parvenus à fonder leur unité sur la base de la monarchie. Il est vrai, cette monarchie, est dans la plupart des États, contestée et il n'y manque point de dissolvants ; mais, avant que les principes de la Révolution française aient fait leur œuvre dans les États dont nous parlons et que la monarchie y soit renversée, nous avons le temps d'être conquis et d'être vaincus définitivement.

Il est même certain que ce qui donne dans ces États un surcroît de force à la monarchie, c'est le spectacle que nous offrons au monde et notre impuissance à nous organiser sur la base de la démocratie. N'est-il pas vrai que si, au lieu d'être divisés et de nous proscrire, comme nous le faisons, à chaque génération, nous étions unis et si nous parvenions à con- stituer un gouvernement fort et pouvant ré- sister à toutes les attaques de ses ennemis du dedans et du dehors, nous inspirerions aux peuples des sentiments de respect et d'admiration ?

Mais nous sommes vulnérables, et nos ennemis sentent que nous pouvons être vaincus. De là vient leur haine et leur mépris pour nous. Tâchons-donc de nous unir et d'arriver à notre organisation de la démocratie ; c'est là le seul moyen pour nous de vaincre et de reprendre notre rang à la tête des nations. Certes, les autres nations passeront par les étamines que nous avons nous-mêmes passées et elles chercheront à s'organiser sur la base de la démocratie ; mais, pour que nous puissions les aider et les guider dans la voie de la civilisation et du progrès, il faut que nous y ayons nous-mêmes marché et que nous soyons organisés. Organisons-nous donc, encore une fois, et tâchons de faire notre unité ; mais ne croyons point que cette unité et cette organisation peuvent se faire pour ainsi dire d'elles-mêmes, et que nous n'avons pas besoin de nous en occuper. Non, il faut, pour faire l'unité et l'organisation dont nous parlons, le concours de tous et une volonté constante et persévérante. Mettons-nous donc à l'œuvre ; mais, avant de finir, il nous sera permis de critiquer et de condamner la politique du gouvernement qui laisse dépenser tant de force, tant de talent et tant d'intelligence pour des questions qui n'en valent pas la peine et qui sont ridicules comme la séparation de l'Église et de l'État et la revision de la Constitution.

Élevez le débat, messieurs ; et, si vous êtes renversés, le peuple comprendra que c'est pour la défense de ses intérêts et il vous rappellera. Quand on pense que, depuis 1789, il y a eu en France dix révolutions et que l'on n'est pas plus avancé que le premier jour ! Car enfin, qu'a rapporté la Révolution de 1789 et quels sont les bienfaits qu'elle a donnés au peuple ?

La Révolution de 1789 a proclamé l'égalité civile et la liberté politique ; mais tout cela est un leurre et en fait, cette révolution a abouti à Napoléon qui a ramené le despotisme et rétabli les privilèges. Et la Révolution de Juillet, qu'a-t-elle rapporté au peuple et quels sont les bienfaits qu'elle lui a donnés ? La liberté de la presse, puisque c'est pour cela que cette révolution s'est faite ? Mais la liberté de la presse, et le membre le plus radical du Cabinet ne nous démentira pas, est subordonnée à un mouvement dans la rue ou à quelque tentative d'émeute. Que demain un mouvement éclate dans la rue et que quelque journal ait paru provoquer à l'émeute, et aussitôt on verra supprimer cette liberté de la presse dont on se targue tant et qui ne fut qu'un prétexte à la révolution dont nous parlons. Et la Révolution du 24 Février, et celle du 4 Septembre ? Nous ne dirons rien de cette dernière révolution, qui fut accomplie sous le feu de l'ennemi et comme on change un commandement incapable. Du reste, la Révolution du 4 Septembre n'a peut-être pas encore porté tous ses fruits et il convient d'attendre pour la juger. Mais, quant à la Révolution du 24 Février qui nous a donné en apparence le suffrage universel, nous dirons que le premier acte de ce suffrage, établi sans préparation et dans un moment où le peuple était ignorant de ses droits et incapable de comprendre la vérité, a été de se suicider et de remettre le pouvoir au prince Louis Bonaparte.

On dira que nous tournions dans un cercle vicieux et que, si l'on n'avait pas d'abord établi le suffrage universel, on n'aurait jamais instruit le peuple de ses droits et qu'il n'aurait pas compris la vérité. Mais ceci n'est que spécieux; car, ce qu'il y avait à faire, c'était pendant la période d'opposition de se servir des moyens que la liberté met toujours dans les sociétés civilisées à la disposition des citoyens pour instruire le peuple et pour lui faire connaître la vérité; puis, quand on aurait été arrivé au pouvoir, de se servir des moyens du gouvernement pour achever de faire l'éducation du peuple et pour le fixer dans la voie de la justice et de la vérité.

Voilà ce qu'il y avait à faire! Au lieu de cela, qu'a-t-on fait? On a voulu marcher plus vite, et on a escaladé le pouvoir. Le moindre chef des démocrates a cru qu'il pourrait gouverner comme les anciens rois, et il a fait de l'aristocratie. Voyez-vous Napoléon, ce Corse, sorti de son île qui, parce qu'il a remporté quelques victoires et cueilli des lauriers, prétend succéder aux Bourbons et fonder la quatrième dynastie !

Tout cela est profondément triste ; car le résultat, on le voit aujourd'hui. Où est-elle la dynastie de Napoléon, où est la Restauration et la Monarchie de Juillet, la seconde République et le second Empire, où est même la première République ? Dans l'histoire. Ces gouvernements, qui avaient la prétention de durer toujours, n'ont duré que l'espace d'un matin. Pourquoi ? Parce que, avec le principe de la souveraineté du peuple et le suffrage universel, il n'y a de possible qu'un gouvernement qui veut faire connaître au peuple ses droits et qui lui enseigne la vérité.

Qu'on le croie bien, la question est posée. Comme aux derniers temps de l'empire romain, il s'agit de savoir si notre peuple a en lui assez de force et de virilité pour renouveler sa civilisation ou s'il sera conquis par les Barbares. Ces Barbares, ne les voyons-nous point déjà nous envahir de toutes parts tantôt sous le prétexte du commerce et de l'industrie et tantôt sous le rapport des armes ; car nous serons vaincus définitivement et, qu'on le croie bien, nous ne sommes pas prêts. Il faudrait, pour être prêts et pouvoir repousser l'invasion, former un seul peuple et d'abord s'assimiler ceux qui viennent. chez nous et qui y trouvent des avantages ; en second lieu, il faudrait pouvoir porter la guerre sur le territoire ennemi et civiliser chez eux les autres peuples. Or, est-ce là où nous en sommes, nous le demandons, et n'est-il pas vrai au contraire que si la guerre éclatait demain, nous serions obligés, même en cas d'un succès relatif de nos armes, de rester sur nos positions et de garder la défensive. L'ennemi reviendrait ensuite nous attaquer, et il finirait par nous vaincre.

Voilà ce qui arriverait ! Il n'y a qu'un moyen pour nous de vaincre et de repousser l'ennemi, c'est, encore une fois, de fonder notre unité et de nous organiser sur la base de la démocratie. Mais, croyons-le bien, nous ne pouvons arriver à cette unité et à cette organisation qu'en

instruisant le peuple et en lui faisant connaître la vérité. C'est pour cela que, en terminant,
nous répéterons que, en dehors du système
d'éducation et de gouvernement dont nous
avons parlé dans les chapitres qui précèdent,
il n'y a rien et qu'aucun gouvernement en
France n'est possible.

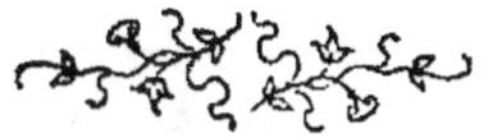

CONCLUSION

Est-il besoin d'insister sur ce que nous avons dit pendant le cours de cette étude et n'est-il pas vrai que si par exemple l'illustre Lanternier, qui a tant contribué au renversement de l'empire et à l'établissement de la troisième République, demande aujourd'hui la revision de la Constitution et s'il paraît soutenir le général Boulanger (1), c'est par dégoût de ce qui existe ?

---

(1) On ne peut supposer chez M. Henri Rochefort tant de naïveté et, s'il soutient M. le général Boulanger, c'est qu'il espère s'en servir pour renverser ce qui existe et pour amener une situation révolutionnaire d'où sortira peut-être un nouveau parti républicain plus jeune et plus capable de gouverner la France et d'organiser la Démocratie.

Le parti républicain actuel en effet, selon M. Henri Rochefort et les autres républicains prétendus boulangistes, conduit la France à sa perte et il s'agit de la sauver en invoquant le nom du général Boulanger qui, le voulût-il, ne pourra mal faire et qui devra se borner à aider à sortir le char de la République de l'ornière où les prétendus républicains de gouvernement l'ont aujourd'hui embourbé.

Voilà la théorie de M. Henri Rochefort et des autres républicains prétendus boulangistes !

On demande autre chose, écrivait-il dernièrement en commençant un de ses articles. Eh
oui, on demande une République qui ne soit
pas entre les mains de ses ennemis et où les
chefs, qu'ils le veuillent ou non, soient soumis
à l'influence de la nation !

Il en est de même des autres partis et des
autres hommes qui font au gouvernement de
l'opposition. Dernièrement, le général Eudes,
qui vient de mourir, écrivait dans l'*Homme
libre*, à propos d'un plan de défense qu'il sou-
mettait à l'approbation du gouvernement, ces
paroles remarquables : « Il ne faut pas que ce
plan soit repoussé, uniquement parce qu'il
vient des révolutionnaires ! »

Eh oui, il y a parmi les révolutionnaires des
hommes de talent et des patriotes ; et c'est
parce que vous ne les utilisez pas et que vous
les laissez perdus pour la société que vous
êtes coupables et que vous ne remplissez pas
vos devoirs comme chefs du gouvernement.

Vous êtes coupables de ce qu'il y a en France
des anarchistes et des collectivistes, en un mot
des sectaires et de ce qu'il n'y a pas que des

républicains et des démocrates. Vous êtes coupables; car vous posez mal la question et vous la laissez trop terre-à-terre.

Vous ne voulez pas sans doute suivre la politique de M. Thiers et celle de l'école bourgeoise. Vous ne voulez pas que, une fois tous les douze ou quinze ans, il vienne une guerre ou une insurrection qui permette de décimer la population et d'envoyer les survivants à Cayenne et à la Nouvelle-Calédonie.

Non, vous ne voulez pas cela. Vous voulez suivre les principes proclamés par la Révolution française et faire de ces principes une réalité. En un mot, vous voulez fonder la Démocratie et établir l'unité. Mais alors élevez, comme nous l'avons dit, le débat et placez-le sur le terrain avant tout moral. Établissez le système d'éducation et de gouvernement dont nous avons parlé dans les chapitres qui précèdent et soyez-bien persuadé, nous le répéterons jusqu'à satiété, que, en dehors de ce système il n'y a rien et qu'aucun gouvernement en France n'est possible.

TABLE

IMPRIMERIE PRISSETTE, PASSAGE DU CAIRE, 17.

www.ingramcontent.com/pod-product-compliance
Lightning Source LLC
Chambersburg PA
CBHW050012070726
47598CB00014B/743